同济组诗

卢耀如
中国工程院院士、同济大学教师

印象同济

印刻百拾陆年史，
象仪攀越千峰嶂。
同心科教人才育，
济世建国名校赞。

光彩同济

同舟共济义当拓，
万花绽放春满园。
师生校友畅奉献，
光彩同济是根源。

飞翔同济

同济园人素质强，
科教强国当发扬。
特色社会现代化，
待看同济高飞翔。

印象同济

四时光影与校园诗话

本书编委会　主编

同济大学出版社·上海
TONGJI UNIVERSITY PRESS · SHANGHAI

图书在版编目（CIP）数据

印象同济：四时光影与校园诗话 / 本书编委会主编
-- 上海：同济大学出版社，2024.7
ISBN 978-7-5765-0771-3

Ⅰ. ①印… Ⅱ. ①本… Ⅲ. ①同济大学 - 校史 - 摄影集②诗集 - 中国 - 当代 Ⅳ. ① G649.285.1-64 ② I227

中国国家版本馆 CIP 数据核字（2024）第 091915 号

印象同济：四时光影与校园诗话
本书编委会 主编

出 品 人：金英伟
责任编辑：熊磊丽
责任校对：徐春莲
装帧设计：刘 青
制作完稿：朱丹天

出版发行：同济大学出版社
地 址：上海市杨浦区四平路 1239 号
电 话：021- 65985622
邮 编：200092
网 址：www.tongjipress.com.cn
经 销：全国各地新华书店
印 刷：上海安枫印务有限公司
开 本：710mm × 1000mm 1/16
印 张：11.25
字 数：180 000
版 次：2024 年 7 月第 1 版
印 次：2024 年 7 月第 1 次印刷
书 号：ISBN 978-7-5765-0771-3
定 价：88.00 元

前言

正如著名学者季羡林所说："一个大学的历史存在于什么地方呢？在书面的记载里，在建筑的实物上，当然是的。但是，它同样也存在于人们的记忆中，……这个存在更具体、更生动、更动人心魄。"在时间和空间的交汇处，来自五湖四海的师生相聚在同济，开启一段"同舟共济"的旅程，镌刻一幅幅流光溢彩的四时风景，奔赴同济天下的未来征程。

2023年为庆祝同济大学建校116周年，传承同济精神和同济文化，在学校党委宣传部的指导下，图书馆携手校工会、学研工部、团委、离退休工作办公室、校友会面向全校师生校友征集校园诗词以及校园摄影作品。征集活动2月中旬发布，截至4月底共收到142位师生校友投稿的800余份作品。依据活动方案，学校邀请专家分别组成诗歌和摄影评审小组，秉持公开、公平、公正的原则，对投稿作品进行了评审，经过初评和复核，从所有投稿作品中评选出优秀奖和入围奖。"印象同济——同济大学校园诗词摄影特展"展出的大部分作品便是此次征集活动的获奖作品。值得一提的是，93岁高龄的同济大学教授、中国工程院院士卢耀如为本次展览专门赋诗三首，娄永琪副校长为本次展览倾情题写了"印象同济"刊头。我们还特别邀请了姜锡祥、江平、周游三位资深校园摄影师，请他们提供了部分校园摄影代表作参展，为师生呈现他们镜头下同济的变化与发展。这些展出的校园影像和诗歌作品，不仅仅是同济校园的晨昏记忆，四季光影，更是当代师生文化精神的传承和延续。这种传承与延续，在于一帧帧镜头背后师生学习、工作中的所思、所见、所想，以及他们通过摄影和诗词创作表达的思想与情感，更是"同济天下、崇尚科学、创新引领、追求卓越"的新时代同济文化印记。

展览于2023年在四平路校区衷和楼和嘉定校区图书馆同时展出，得到师生校友的一致好评。在展览内容的基础上，学校组建了编委会，对所有作品按照出版要求进行筛选整理，并以"春 · 同""夏 · 济""秋 · 天"

“冬·下”“筑·梦”“行·远”为主题整合了其中部分作品，结集出版了这本《印象同济：四时光影与校园诗话》。

“我期待着，期待你走来，你的眼睛在人群里那样的引人瞩目，而交汇的视线弥漫着充满了整个窗口”……正如诗歌组代表电子与信息工程学院2021级本科生平恩培的诗作《窗户》所呼吁的，希望这本记录同济四时光影与校园诗话的册子，能够为师生校友，以及想要进入同济就读的青年学子打开一扇窗；像材料科学与工程学院黄光远老师在诗歌中所寄语的那般：“带着装满知识的行囊，迎着碧水蓝天云飞扬……启程，未来必将美好绽放！”

目录

摄影：江平 同济大学教师

春·同

窗户

平恩培
电子与信息工程学院 2021 级 本科生

我的那些窗户们
都是无与伦比的
当我从窗口探出头
这一扇的外面弥散着昨天的气息
这一扇外面，还是绿色的，像是春天的样子
这一扇下着淅淅沥沥的雨

而这一扇，朦胧的，起了雾，我看不清
阳光总是从这一扇里进来
而这一扇是我所热爱的风景
在这一扇的外面，什么都没有，我却总徒劳地望着

我期待着
期待你走来，你的眼睛在人群里那样的引人瞩目，
而交汇的视线弥漫着充满了整个窗口

樱花大道组诗

朱昀哲
土木工程学院 2021 级 本科生

二月初十在樱花大道

凛风尽扫行人去，夹道唯迎知己宾。
花繁花敝造化定，人聚人散世事循。
崛骨亦有骚客爱，姣容自复众生珍。
风雨三夜濯尘蠹，妃香浸透一路春。

腊月十六不在樱花大道

凛降念枝晚，阳落索叶寒。
栩颜久砺旧，铭忆多挚残。
蕾含须尽赏，苞颤切饱观。
待到盛放日，风起各两端。

一丛花·同济樱花大道

陈保权
医学院 退休教师

朱颜满目自年年。
图画好姿娟。
樱花大道芳华秀，若彩云、美态姣妍。
春早时节，游人济济，共赏结佳缘。

东风撩绕众情欢。
林路客如川。
香间漫步携留影，道两旁、名树鳌然。
生机勃勃，英枝怒放，容貌最馨还。

我是一朵樱花

朱宣霖
新生院 2022 级 交流生

我是一朵樱花，
一朵绽放在同济枝头的樱花；
我在人间三月降临世间，
百余年前百余双手将我轻轻种下。
没有战争的烽烟，
驱退岁月的变迁；
岁月静好，
我在这里悄悄萌芽。
三月的枝头，
到处是春寒料峭，
但我依然坚定地相信，
相信兄弟姐妹们会和我一起开花。

我是一朵樱花，
一朵等待了三年的樱花。
我看见母亲脱下浑身碧绿的华装，
只为我在这七日里努力开花。
看车流匆匆，看人间喧嚣，
妈妈说我不是一朵普通的樱花，
她让我在这里学成知识，
将来会走向五湖四海建设美丽中华。

我努力打开花瓣，
接住天空划过的弧线；
我奋力张开双臂，
拥抱灿如织锦的晚霞。

我知道，我是一朵樱花，
一朵绽放在盛世中华的樱花；
我一定会将同济天下的誓言，
在爱校路的大道上写下。
看遍人间风华，
看过满树繁花，
走过三月的蓬勃生命，
走向生生不息的美丽中华。
我在枝头向你微笑，
落入泥土也不忘记养育我的枝丫。
我会永远扎根同济的泥土，
永远做一朵同济的樱花。

摄影：许扬扬 软件学院 2022 级本科生

摄影：郁奕波 2011 级校友

摄影：周游 同济大学教师

摄影：马英铭 经济与管理学院 2019 级本科生

摄影：韩佳和 口腔医学院 2022 级本科生

A

B

C

D

E

A 摄影：郑延李 同济大学教师
B 摄影：黄雅菲 经济与管理学院 2022 级本科生
C 摄影：苏蕾璎 新生院济美学堂 2022 级本科生
D 摄影：江平 同济大学教师
E 摄影：江平 同济大学教师

A

A 摄影：黎亚琪 新生院同舟学堂 2022 级本科生
B 摄影：李乐怡 马克思主义学院 2020 级本科生
C 摄影：王月超 新生院 2022 级本科生

B

C

影：周游 同济大学教师

A

A 摄影：周游 同济大学教师

B 摄影：彭斯祺 设计创意学院 2022 级本科生

C 摄影：徐敏儿 艺术与传媒学院 2021 级本科生

B

C

A

B

C

A 摄影：姜锡祥 同济大学教师
B 摄影：王国谱 同济大学教师
C 摄影：杨铮 中德工程学院 2020 级本科生
D 摄影：江平 同济大学教师

D

摄影：娄健坤 建筑与城市规划学院 2022 级博士生

摄影：黄凯悦 经济与管理学院 2022 级本科生

摄影：王柯 口腔医学院 2020 级本科生

A

A 摄影：徐敏儿 艺术与传媒学院 2021 级本科生

B 摄影：陈海阳 机械与能源工程学院 2023 级硕士生

C 摄影：宋宇星 同济大学教师

A

B

A 摄影：江平 同济大学教师
B 摄影：江平 同济大学教师
C 摄影：唐芳 艺术与传媒学院 2021 级本科生

C

摄影：周游 同济大学教师

摄影：周游 同济大学教师

摄影：姜锡祥 同济大学教师

A

A 摄影：江平 同济大学教师
B 摄影：唐芳 艺术与传媒学院 2021 级本科生
C 摄影：黄雅菲 经济与管理学院 2022 级本科生

B

C

摄影：张书铭 汽车学院 2020 级本科生

A

A 摄影：张衍昭 汽车学院 2020 级本科生

B 摄影：吉芯乐 经济与管理学院 2021 级本科生

A

A 摄影：姜锡祥 同济大学教师
B 摄影：李乐怡 马克思主义学院 2020 级本科生
C 摄影：王国谱 同济大学教师

B

C

A

B

C

A 摄影：周游 同济大学教师
B 摄影：张佳慧 人文学院 2021 级本科生
C 摄影：张素萍 同济大学教师
D 摄影：范黎 同济大学教师

摄影：杜天乐 新生院 2022 级本科生

摄影：周游 同济大学教师

秋·天

听汪品先院士讲座有感

林飞
2008届 校友

对话明师仰圣山，
讲习之后尽开颜，
博学院士多才智，
平易谦虚在眼前。

各地文化一探讨，
分析比较找根源，
融通应用创新现，
并蓄兼收向圣贤。

116岁的您 2岁的我

宫宇星
经济与管理学院 2021级 本科生

2021年金秋，虔诚的我被您采撷
安放在同心学堂的新房
您以盛装相迎
清新靓丽而又朴素稳重
烟雨中还多了份婉约

我踩着粉色地毯，听花蕊开门的声音
轻轻走近您
暗香浮动滑过鼻尖沁入心脾
镜头将我们定格在画里

冬去春来，2岁的我记忆犹新
八大学堂齐聚一·二九
同济天下扬帆启航
红红的灯笼已高高挂起
带领我们向春天奔跑

花开的季节，我济那么美
樱花粉嫩柳叶眉
桃花笑靥扮妩媚
垂丝海棠金腰带
玉兰含笑山茶花
各自妖娆在春风里

草长莺飞 116 年
大树已成荫，花朵正开放

国立柱前那挥右手的伟人
与世界建筑史默默对话
仰望星空的天鹅湖、三好坞畔
倒映着土木园林的规划蓝图
文远楼大礼堂校史馆图书馆南北楼
这些镇校之宝守着庭院
也守着日月、历史和现实
在殿堂楼阁的怀抱里
天人合一 继往开来

养天地之正气，法古今之完人
116 年的月光把星空一点点涂抹
掀开岁月铺向天边的画布照亮您的渡口

深海探索馆我与莲花一起打坐
看一条条锦鲤从时光深处缓缓游来
五月的风从我身边走过
一手牵着过去，一手牵着未来

毕业·启程

黄光远
材料科学与工程学院 教师

带着装满知识的行囊
迎着碧水蓝天云飞扬
我无所畏惧
前方充满阳光
同济给了我自信
让我勇于展翅翱翔
启程
未来必将美好绽放

美要让你看见
——同济大学艺术节有感

时东兵
交通运输工程学院 退休教师

似彩蝶轻轻地飞来
跳一曲华尔兹
像青鸟柔柔的身姿
唱一首爱的曲
树林悠悠地挺起胸脯
站成蝶飞鸟吟的风景
美要让你看见

小草绿色的语言
一首首大地的抒情诗
点燃灿烂的日子
布谷鸟衔来学子期盼
播撒廉洁的种子
清爽的声音破土而出
阳光披在萌动的心上
美要让你看见

攀援的青藤缠绕
一串串青春的记忆
河边的杨柳婀娜多姿
红硕的花朵如不灭的火炬
这才是美的本意
湖水倒影荷花的梦
美要让你看见

你的泪珠美在晶莹
一如三好坞的瀑布清澈
你的含蓄美在朦胧
芳香的曲线划过
爱美的眸子间
是美就要芬芳吐艳
美要让你看见

摄影：姜锡祥 同济大学教师

摄影：姜锡祥 同济大学教师

A

B

C

A 摄影：江平 同济大学教师
B 摄影：江平 同济大学教师
C 摄影：王烨 人文学院 2021 级本科生

A

B

A 摄影: 江平 同济大学教师
B 摄影: 陈俞彤 政治与国际关系学院 2021 级本科生
C 摄影: 叶大明 同济大学教师

C

A

A 摄影：李航 新生院济美学堂 2022 级本科生
B 摄影：李航 新生院济美学堂 2022 级本科生

摄影：周游 同济大学教师

A

B

C

A 摄影：张衍昭 汽车学院 2020 级本科生
B 摄影：肖宇涵 交通运输工程学院 2020 级本科生
C 摄影：刘泽雨 国豪书院 2022 级本科生

A 摄影：邹睿 经济与管理学院 2023 级硕士生
B 摄影：李航 新生院济美学堂 2022 级本科生
C 摄影：屈千城 经济与管理学院 2022 级本科生
D 摄影：李乐怡 马克思主义学院 2020 级本科生

A

B

C

D

摄影：温馨来 艺术与传媒学院 2021 级本科生

摄影：温馨来 艺术与传媒学院 2021 级本科生

A

B

C

A 摄影：张衍昭 汽车学院 2020 级本科生
B 摄影：许智琛 经济与管理学院 2021 级本科生
C 摄影：杨轶雯 新生院同舟学堂 2022 级本科生

A

A 摄影：邹睿 经济与管理学院 2023 级硕士生
B 摄影：邹睿 经济与管理学院 2023 级硕士生

B

影：屈千城 经济与管理学院 2022 级本科生

摄影：周游 同济大学教师

影：屈千城 经济与管理学院 2022 级本科生

摄影：周游 同济大学教师

冬·下

吾济

祁海玥
环境科学与工程学院 2021 级 博士生

记 火红记忆

犹记得，在民族危难之际，
不远万里，毅然归国的老校长李国豪，
以身为光，照亮前方。
他为祖国春天，安然建造梦想篇章，
桥梁强国的誓言，掷地有声、余音绕梁。
斯人已逝，留精神永续，任时光翻转，风景变换，
让我们坚信：心底火热中国红，不朽精神代代传。

迹 沿途足迹

一树芳菲，百年波澜。
国立同济于炮火中育才、成长，周折辗转、挺立顽强，
与千年李庄，
共同写就“幸而有托、不废研学”的感人情谊，
历练不曾更改学名的初心坚定。
百余峥嵘风雪，攀登红色阶梯，
同舟共济、并肩前行！

绩 时代功绩

庆幸喜悦、赤血丹心，济人济事、一脉相承。
且看疫情暴发时，奉献青春、挺身而出的同济人。
心系前线，提供技术指引；

支援现场，传递食品物资……
颗颗水滴，汇流接力，徜徉同济海域。
世间万物广阔博大，渺小的我们各有应答，
身份多不同，爱意尽相融。
历史年轮，请你见证：
晨昏不让、为爱坚守的同济人；
昼夜奔赴、为国争光的同济人！

技 技满神州

同济先躯堆叠过往，助力祖国今日辉煌，
以医学造福人类为始，辐散世界学科各领域。
倏而直达的高铁，那是享誉全球各国的同济科技；
航天航空的登攀，那是欲寻宇宙之尽的同济声音。
夜以继日、千里奔袭，科技创新，乃制胜武器。
这是风起云涌的5G时代，更是吾济的雷霆时代！
三千须弥、探求哲理，是百年同济不变的信念力；
上天入地、求索真理，引领万千同济人无悔前行。
济之未来、篇章无限！

济 吾爱同济

回望来路，吾济116年成长奋进的幸福剪影；
放眼未来，吾济适逢盛世的美好续集。
挚爱的阿济啊，我爱你的一切和一切的你！
强基筑梦，蓄势待行，不遗余力，

让我们且听你说：破浪而出，此刻由我！

吾爱吾济，同舟共济，自强不息，

新时代昂首阔步走来，让我们共同瞩目明日同济

——那是不朽的东方神迹！

忆往昔

何锦洋
电子与信息工程学院 2022 级 本科生

奋笔书春秋，梦醒身同济。
昨夜依嬉闹，今朝已成人。
悠悠学年半，岁月入校门。
秋冬恭迎春，古树慢刻轮。
辞别赣江水，不见孤鹜飞。
轻舟山万重，海上日初升。
晨光照陋室，晚霞映校门。
栈道行人满，教室坐无虚。
溪边荷吐露，枝头樱冒青。
难忘东初雪，尤记夜湖亭。
静坐读书晚，漫步恨时短。
秋风寒意起，海底夜莺鸣。
残灯照孤影，明月伤故人。
高低乱心境，起落富人生。
有喜亦有悲，不枉为成人。

同济组诗

许智琛
经济与管理学院 2021 级 本科生

漫步同济

中轴倚鹏背，润物如汇文。
三好映湖月，八柱力擎天。
理家思文远，远客谢饭前。
安然愿福瑞，继往学先贤。

同济之思

悬壶难能有良药，振兴还望济世才。
天下同心齐并举，何愁盛世不重开？

蝶恋花

戴建国
1999 届 校友

校友之缘游校去
玉兰花开
天暖春风煦
青翠河边垂柳绿
樱枝含苞添生趣

李公像旁方鼎举
峻立苍松
曾几经风雨
数代英豪萍水聚
同舟共济华章续

摄影：姜锡祥 同济大学教师

摄影：江平 同济大学教师

摄影：周游 同济大学教师

摄影：姜锡祥 同济大学教师

摄影：江平 同济大学教师

摄影：江平 同济大学教师

摄影：杨铮 中德工程学院 2020 级本科生

A

B

摄影：祁德庆 同济大学教师
摄影：姜锡祥 同济大学教师
摄影：姜锡祥 同济大学教师

摄影：苏蕾璎 新生院济美学堂 2022 级本科生

摄影：姜锡祥 同济大学教师

A

A 摄影：王子齐 环境科学与工程学院 2022 级硕士生
B 摄影：姜锡祥 同济大学教师
C 摄影：周游 同济大学教师

摄影：周游 同济大学教师

摄影：姜锡祥 同济大学教师

摄影：周游 同济大学教师

摄影：周游 同济大学教师

筑·梦

有的人死了 他还活着。
只要烈火还在跳动，
英烈的步履仍会继续延伸。
深入您的夙愿，我目睹，
觉醒者上下求索，前赴后继，
从容地捡拾着国家兴亡的音符，
“问苍茫大地，谁主沉浮？”
“国之大者”是您的诗文所辞：
“革命就是在刀枪下奔走”……

临摹您的生活，缅怀二十二岁的校友，
在母校巨幅海报的映衬下，消逝的青春又回来了。
您想看到的中国，
今天大家替您看到了。

此刻，
我徜徉在五月的鲜花下与您恳谈——
“恰同学少年，风华正茂”……

摄影：张书铭 汽车学院 2020 级本科生

A

B

A/B/C/D　摄影：张素萍 同济大学教师

C

D

A

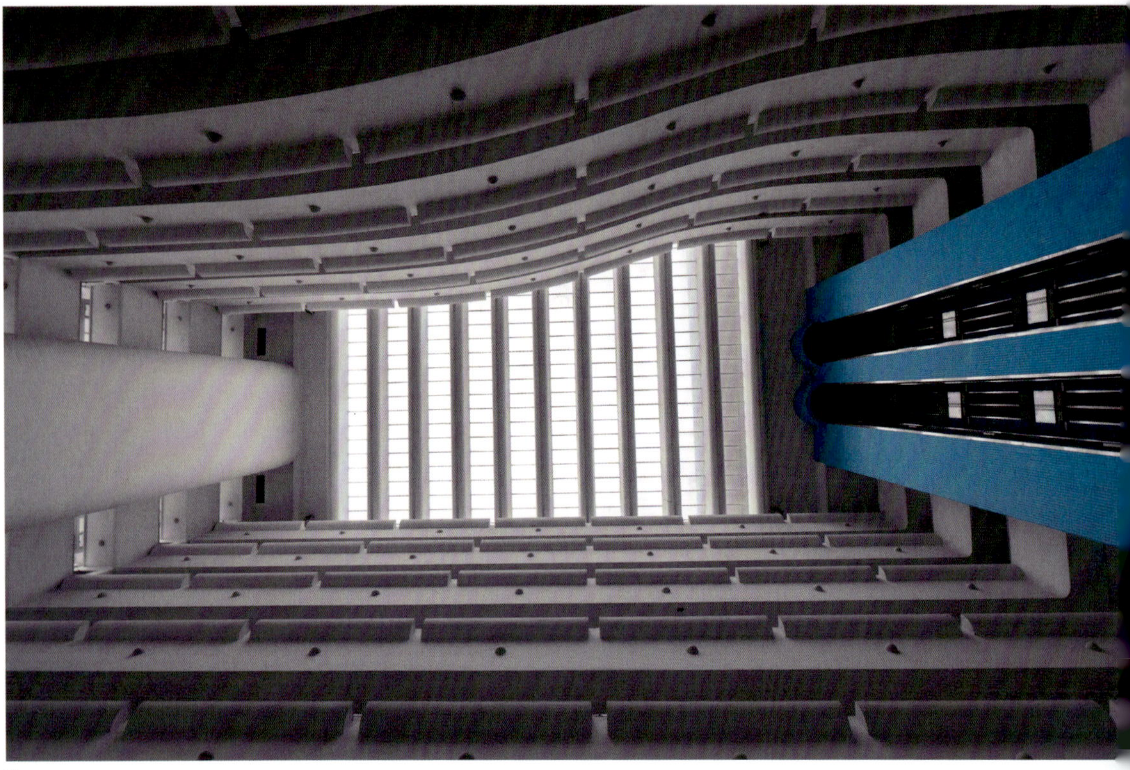

B

C

A/B/C　　摄影：王子齐 环境科学与工程学院 2022 级硕士生

摄影：马英铭 经济与管理学院 2019 级本科生

摄影：徐隽丹 法学院 2020 级硕士生

A

B

A 摄影：江平 同济大学教师
B 摄影：上官世粲 同济大学教师
C 摄影：姜锡祥 同济大学教师
D 摄影：姜锡祥 同济大学教师

C

D

摄影：王恩泽 交通运输工程学院 2022 级本科生

摄影：姜锡祥 同济大学教师

摄影：姜锡祥 同济大学教师

摄影：姜锡祥 同济大学教师

摄影：姜锡祥 同济大学教师

A 摄影：许智琛 经济与管理学院 2021 级本科生
B 摄影：杨轶雯 建筑与城市规划学院 2022 级本科生
C 摄影：王梦晴 新生院同心学堂 2022 级本科生
D 摄影：赵思成 新生院同舟学堂 2022 级本科生

A

C

D

摄影：周游　同济大学教师

摄影：袁爱妮 经济与管理学院 2021 级硕士生

摄影：于梦瑶 新生院同和学堂 2022 级本科生

摄影: 许智琛 经济与管理学院 2021 级本科生

摄影：上官世燊 同济大学教师

A 摄影：黎亚琪 新生院同舟学堂 2022 级本科生
B 摄影：张书铭 汽车学院 2020 级本科生
C 摄影：张书铭 汽车学院 2020 级本科生
D 摄影：姜锡祥 同济大学教师

A

B

摄影：叶大明 同济大学教师

行·远

同济·青春颂

李祎婧
经济与管理学院 2022 级 本科生

樱满道，载欢笑，春色此济，枝头花容好。
乘风好去舟踏浪，少年热血，更向青云行。
同心力，济世间。
南北楼前，青春梦岂歇。
追风赶月逐光去，扬帆济梦，心系山河间。

癸卯年迎同济校庆

郑伟强
土木工程学院 2022 级 博士生

德文伊始医工沿，期颐新添碧玉年。
七星申城历风雨，六载竹都叹残垣。
孩儿塔别洒热血，悬索桁梁出层峦。
同仰星空济沧海，共踏实地筑桑田。

如舟

漆博林
汽车学院 2022 级 本科生

悠悠历史川流，浩浩百年风霜
转吴淞，落李庄
始离申城，终返沪上
罹炮火连天，逢岸屿六迁
叹学子进京请愿心犹热
敬斗士直面横刀血难凉
反独裁，争自由，破迷惘
筑民主堡垒，耀民族曙光
济事济世，同洲同舟
如磐信念永承，裔皇盛世正当

喜闻光景佳，乐见风物好
春樱绽，夏蝉鸣梢旁
秋叶旋，冬雪落眉堂
素流清波，绿堤垂杨
亭伫三好坞，月映天鹅湖
衷和瑞安，德迩复广
运匠心，夺天工，平地起，立一方
观学子莘莘，学海遨游，书山徜徉
绘韶华之蓝图，成国家之栋梁
仰师者俨俨，春风化雨，桃李芬芳
执灯掌舵，培木铸魂，德才昭彰

赞名校赫赫，念家国，敞胸怀，践担当
理想擎起桅杆，卓越淬炼锋芒

溯往昔，铭忆年岁沧桑
览今朝，接续时代荣光
平芜莫止，春山在望
明途可期，风帆正扬
桨未息，火愈烈，立志不畏前路远
手相牵，心尚连，协力何惧岁月长
且听高歌起，昂首再启航
共楫破沧浪，同舟赴旭阳！

远方

陈语彤
设计与创意学院 2022 级 本科生

我记得我十八岁的模样
像余华小说里的枣红马
巴不得插上翅膀去远空翱翔
送一个心尖上的人
飘过远洋

我穿上衣裳
绵绵的雨里，心思在流淌
“年轻的人，我们一样”
描绘了宏伟的蓝图
抬头看就是梦想

霎时间抬头
飞机就那样在天穹上飞扬
随着一朵易碎的云
甘霖也怜惜这时光
晨曦随着日出而作
露水在草叶间怀想
我站在这里
思索着茅以升的梦想
是把一座名为爱的桥建向远方

还是把你我的心
凝结成梁

我会在一个雨后的角落
拿起笔书写着希望
任之在同济尽头徜徉
我会在一个灿烂的清晨
迎着微风闪亮
满含着无限的善良

我的脚下是岩土
也是梦想
未来的彼方
所以也向下看吧
那无数英灵沉睡的地方

摄影：王国谱 同济大学教授

摄影：姜锡祥 同济大学教师

A 摄影：苏蕾璎 新生院济美学堂 2022 级本科生
B 摄影：张衍昭 汽车学院 2020 级本科生
C 摄影：叶大明 同济大学教师

A

B

C

影：许智琛 经济与管理学院 2021 级本科生

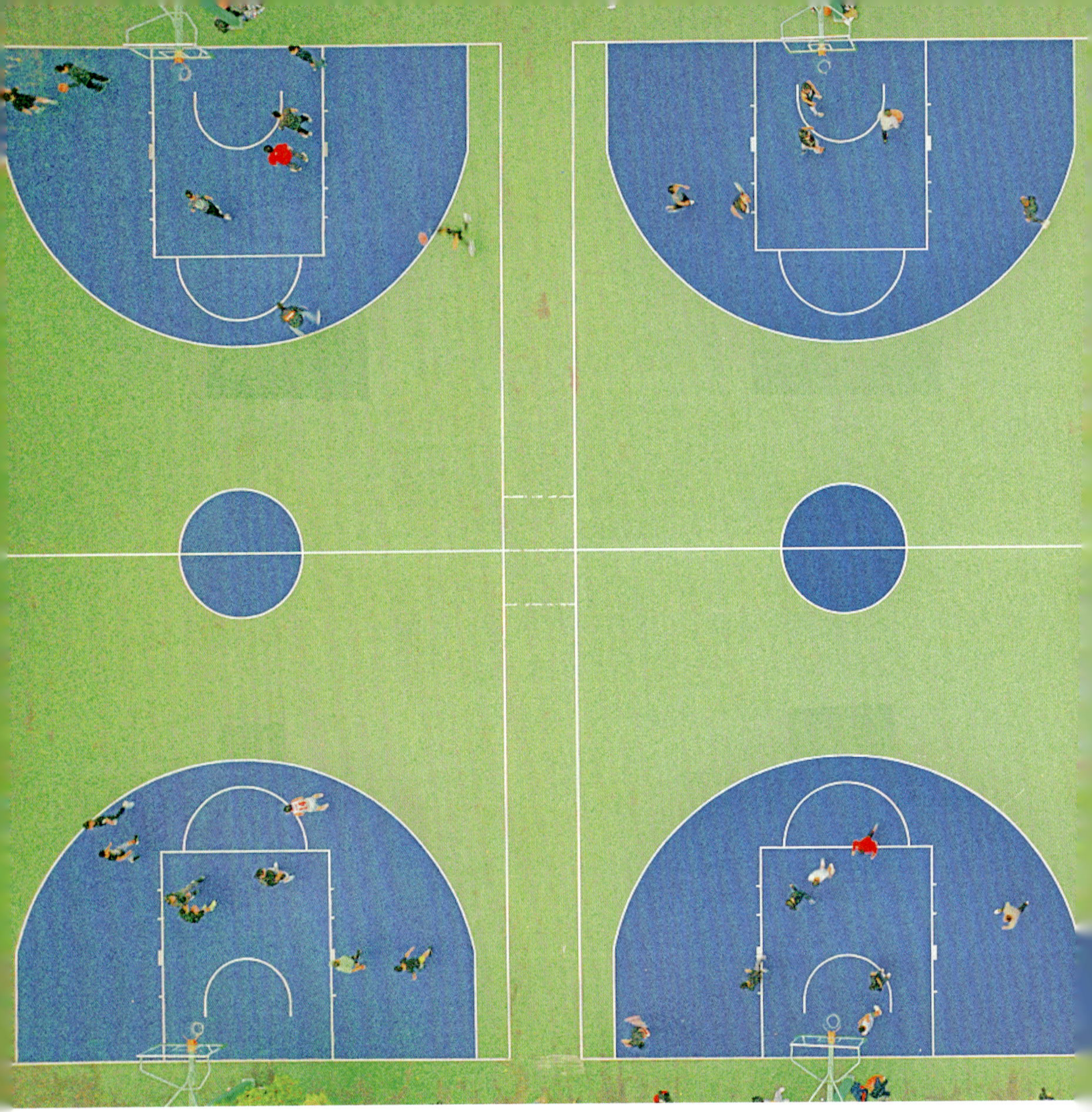

摄影: 许智琛 经济与管理学院 2021 级本科生

摄影：董浩 电子与信息工程学院 2019 级硕士生

摄影：周游 同济大学教师

摄影：叶大明 同济大学教师

摄影：张书铭 汽车学院 2020 级本科生

摄影：黄怡 设计与创意学院 2022 级硕士生

摄影：董浩 电子与信息工程学院 2019 级硕士生

摄影：张书铭 汽车学院 2020 级本科生

摄影：周游 同济大学教师

摄影：李乐怡 马克思主义学院 2020 级本科生

后记

自2023年“印象同济——同济大学校园诗词摄影特展”展出后,不断有参观者提出,希望在展览的基础上,出版一本校园诗词摄影的册子,能永久记录这些被镜头定格的瞬间,结合诗词作品,展现校园生活的丰富与多样,在更大范围内传播,让更多师生校友和社会各界人士了解同济,并且熟悉同济。

本书所选的每一件作品,无论摄影,还是诗词,都是我们眼中无限依恋和怀念着的同济,那些我们日常擦肩而过的美,那些我们心中反复吟咏的诗,在校园的四季变化中,斑斓成色,交织成曲。春夏秋冬,这是同济的四时光景,同济天下,这是师生初心不改的教育之路,我们将师生眼里和心中无序的美与景、情与思归为6个主题:“春·同”是桃李春风的明媚;“夏·济”是雨生众绿的积蓄;“秋·天”是兰秀菊芳的绚烂;“冬·下”墨花月白的清幽;仰望星空,我们一起“筑·梦”;脚踏实地,我们向着未来“行·远”。这是编者对所有作品的理解,也是编者对所有作者的致敬。

感谢所有参与征集、评审、展览和出版工作的师生校友,感谢大家为本书的筹备和出版付出的辛勤劳动。因为出版篇幅有限,100多位同济人的800余份作品不能一一在本书中呈现。此书的出版是一次总结,也是一种尝试,希望能抛砖引玉,启迪更多思考,启发更多创作,期待更多优秀的摄影和校园诗词作品出现。

感谢喻大翔教授、万燕教授和胡桑教授三位同济的诗人和学者为本书的诗词作品提供了专业指导。感谢姜锡祥、江平、周游三位同济资深摄影师,用他们的丰富经验为本书摄影作品的甄选提供了支持,尤其是姜锡祥老师,作为本书的摄影顾问,对本书的编排贡献良多。还有许多参与具体工作的工作人员,在此一并表示感谢。因为时间仓促,编者编辑能力有限,一些错漏和不完善的地方在所难免,请读者批评指导。感谢同济大学出版社为本书的出版给予的专业指导和支持。

谨以此书献给学校117周年校庆!是为记。

摄影：张素萍 同济大学教师